हर मन में एक राधा

पूजा कनोडिया, शिवम वर्मा

Made with ♥ on the Notion Press Platform
www.notionpress.com

‘मिलना अगर प्रेम होता, तो रुक्मिणी भी कहानी होती

राधा इसलिए अमर हैं, क्योंकि वो अधूरी रह गईं।”

शायद हर इंसान में एक राधा बसती है और एक कृष्ण रहते है।
और शायद, हमारा सबसे बड़ा जीवन-प्रश्न यही है—
हम अपना वृंदावन कहाँ खोज रहे हैं?

यह पुस्तक उन सभी हृदयों
को समर्पित है, जो अपने भीतर बसे वृंदावन को पहचानने और उसे
जीने की यात्रा पर हैं।

क्रम-सूची

भूमिका

हर दिन सच में कुछ नया सिखा जाता है।
कुछ दिन केवल बीतते नहीं... बल्कि भीतर तक उतर जाते हैं।

एक ओर साहित्य के प्रति हमारा सहज अनुराग, तो दूसरी ओर डॉ. शिवम का इस विषय में गहरा ज्ञान—बस इसी अद्भुत आकर्षण ने 16 मई 2026 को हमारे कदमों को अनायास ही इंदिरा गांधी प्रतिष्ठान के जुपिटर ऑडिटोरियम की ओर मोड़ दिया। इस जगह पर पहले भी कई बार जाना हुआ था,
लेकिन उस दिन सब कुछ कुछ अलग-सा लगा।

जैसे दीवारें भी कुछ कह रही हों...
जैसे वातावरण में कोई अदृश्य विरह बह रहा हो।
मानो हर कोना किसी अनकही भावना को अपने भीतर समेटे हुए था,
और हर पल मन को भीतर तक छू रहा था।

"कृष्ण: राधा से रणभूमि तक" विषय पर मनोज मुंतशिर साहब ने ऐसा भावनात्मक और सजीव चित्रण किया कि मानो मन की पूरी धरती हिल गई हो। उनकी वाणी में इतनी गहराई, इतना दर्द और इतनी अनुभूति थी कि आँखों से आँसुओं की धारा रुक ही नहीं रही थी।

बहुत कुछ सीखा, बहुत कुछ जाना, और बहुत कुछ समझने को मिला।

लेकिन इन सबके बाद मन में बस एक ही विचार बार-बार उठता रहा—

जब भी हमने "राधा-कृष्ण" का नाम सुना, हमारे मन में कृष्ण का व्यक्तित्व उभर आया। राधा का नाम आया भी, तो केवल कृष्ण की

प्रेमिका के रूप में।

पर राधा का अपना दर्द क्या था?

राधा की अपनी कहानी क्या थी?

यह जानने की कोशिश हमने कभी सच में की ही नहीं।
बस वहीं से मन में भाव आया कि क्यों न इतिहास की गलियों में जाकर राधे रानी को खोजा जाए...

उन्हें समझा जाए...
उनके प्रेम, विरह, त्याग और अस्तित्व को महसूस किया जाए।

इसी जिज्ञासा को शांत करने के लिए कुछ पढ़ा, कुछ जाना, कुछ समझा। इतिहास के पन्नों को खंगाला, साहित्य को महसूस किया, और भक्ति के भाव में डूबकर राधा रानी की कहानी को जानने का प्रयास किया।

अब मन में बस एक ही इच्छा है —
राधा रानी की उस अनकही कहानी का वर्णन किया जाए,
जिसे दुनिया ने हमेशा कृष्ण के साथ तो देखा,
पर कभी राधा के अपने अस्तित्व से समझने की कोशिश नहीं की।

क्या राधा सच में केवल "राधा रानी" हैं?
एक गोपी?
कृष्ण की प्रेमिका?
भक्ति की सबसे महान मिसाल?
या फिर एक एहसास...
एक भाव...जो हर मन में रहता है'

कृष्ण सभी के हो गए, जग ने लिया स्वीकार।
राधा अपने दर्द संग, बैठी रही उस पार।।

नाम लिया जब प्रेम का, कृष्ण ही आए याद।
राधा के हिस्से मगर, आया केवल विरह-विषाद।।

मुरली वाले चल दिए, धर्म-युद्ध के साथ।
राधा मन के गाँव में, ढूँढे अब भी हाथ।।

कृष्ण बने इतिहास में, गीता के उपदेश।
राधा लिखती रह गई, आँसू वाले लेख।

संसार का हर व्यक्ति अपने जीवन में पूर्णता की खोज में भाग रहा है। हम यह मान बैठते हैं कि जो मिल गया, वही हमारा है और जो छूट गया, वह केवल एक रिक्त स्थान है। लेकिन समय की छाती पर, इतिहास की सीमाओं से परे और भक्ति की गहराइयों में एक ऐसा नाम गूँजता है, जिसने पूर्णता को पाने में नहीं, बल्कि 'अधूरेपन' को जीने में खोजा। वह नाम है—राधा।

यह पुस्तक केवल पुराणों के पन्नों, वृंदावन की गलियों या इतिहास के आख्यानों का संकलन नहीं है। यह उस मौन की यात्रा है, जिसे संसार ने कभी शब्द नहीं दिए।

यह रचना उसी अनकहे दर्द और शाश्वत प्रेम को महसूस करने का एक प्रयास है। इस पुस्तक के पन्नों से गुज़रते हुए आप उन भावनाओं का सामना करेंगे जो हम सभी के भीतर कहीं न कहीं दबी हुई हैं: यह अहसास कि हम में से हर व्यक्ति के भीतर एक 'राधा' जीवित है—कोई पुराना छूटा हुआ रिश्ता, कोई अधूरी बात, या कोई ऐसा अधूरापन जो जीवन भर हमारे साथ चलता है।

यह पुस्तक आपको किसी देवी या देवता की कथा नहीं सुनाएगी, बल्कि यह आपको आपके ही भीतर के उस छूटे हुए हिस्से से मिलाएगी, जिसे आप पीछे छोड़ आए हैं। यह आपको यह स्वीकार करना सिखाएगी कि जीवन में जो मिला है वह पर्याप्त है, और जो अधूरा रह गया है, वह भी अपने आप में बेहद सुंदर है।

आइए, इस पुस्तक के पन्नों के माध्यम से

उस अहसास को पढ़ें, जहाँ बाँसुरी तो मौन हो जाती है, पर उसकी धुन कभी खत्म नहीं होती।

क्योंकि अंततः... कृष्ण भगवान हो सकते हैं, लेकिन उन तक पहुँचने का मार्ग आज भी राधा के आँसुओं से होकर ही जाता है।

अधूरा था मिलन फिर भी कहानी पूर्ण लगती है,
राधा के बिना कान्हा की बाँसुरी मौन लगती है।

वृंदावन की धूल में आज भी वो असर है,
कोई "राधे" पुकारे तो मन "श्याम" कह उठता है।

अध्याय 1

राधा कौन थीं - एक अनंत प्रश्न(Who was Radha)

राधा की कहानी शायद मिलन की नहीं,
बल्कि उस वियोग की कहानी है
जिसे उन्होंने जीवन भर बिना शिकायत जिया।

किसी ने कभी नहीं पूछा—
जिस स्त्री ने प्रेम को पूजा बना दिया,
उसके हिस्से में आखिर आया क्या?

ना पत्नी होने का अधिकार,
ना साथ चलने का अवसर,
ना इतिहास में उतनी जगह
जितनी उनके प्रेम ने कृष्ण को दी।

"कृष्ण तो द्‌वारका के हो गए,
पर राधा आज भी वृंदावन में रहती है...
कुछ प्रेम मंज़िल नहीं पाते,
फिर भी उम्र भर साथ चलते हैं।"

राधा और कृष्ण भले ही वृंदावन की गलियों से एक न हो सके,
लेकिन उनका प्रेम वहीं जन्मा था —
कदंब के पेड़ों की छाँव में,
यमुना के शांत किनारों पर,
बांसुरी की उन धुनों में
जो केवल कानों से नहीं, आत्मा से सुनी जाती थीं।

वृंदावन उनके प्रेम का आरंभ था,
पर शायद हर प्रेम की तरह
उसकी भी एक नियति थी —
किसी मोड़ पर ठहर जाना,
स्मृति बन जाना,
और फिर समय से परे अमर हो जाना।

कहते हैं, एक दिन राधा ने कृष्ण से पूछा —
"कृष्ण, आप सबके हैं...
मथुरा भी जाएंगे, द्वारका भी बसाएंगे,
इतिहास भी आपको याद रखेगा।
पर मैं?
मैं कहाँ रह जाऊँगी आपके जीवन में?

आप मुझे अपने साथ क्यों नहीं ले जाते?
हम दोनों एक क्यों नहीं हो जाते?"

कृष्ण मुस्कुराए।
वो वही मुस्कान थी जिसमें उत्तर भी था और विरह भी।
उन्होंने धीरे से राधा का हाथ थामा और कहा —

"राधे, लोगों को एक होने के लिए दो होना पड़ता है...
पर हममें तो कभी दो थे ही नहीं।
हम तो सदा से एक हैं।

तुम मेरा वो हिस्सा हो
जिसे दुनिया कभी अलग देख ही नहीं सकती।
जैसे बांसुरी में छिपा संगीत,
जैसे नदी में बहता जल,
जैसे आँखों में बसे सपने...
वैसे ही तुम मुझमें हो, राधे।"

राधा चुप रहीं।
क्योंकि कभी-कभी प्रेम में शब्द छोटे पड़ जाते हैं।
कुछ रिश्ते नाम नहीं माँगते,
कुछ प्रेम साथ नहीं माँगते।
वे बस महसूस किए जाते हैं —
हर धड़कन में, हर प्रतीक्षा में, हर वियोग में।

"राधा को कृष्ण मिले या ना मिले,
ये किस्सा उतना ज़रूरी नहीं...
ज़रूरी ये है कि
कृष्ण आज भी राधा के बिना पूरे नहीं लगते।"

"तन से दूरी लाख हो, मन से दूरी नाहिं,
राधा बसती श्याम में, श्याम बसे हर साँसि।"

बस उस अनुभव की घड़ी में इतना तो समझ आ गया कि कृष्ण वृंदावन में राधा को छोड़कर अपने कर्तव्य-पथ पर आगे बढ़ गए — और उनका जाना शायद आवश्यक भी था।

जीवन में उनके सामने बहुत बड़े उद्देश्य थे।

लेकिन मन में एक प्रश्न बार-बार उठता रहा —

कृष्ण के बिना राधा का क्या हुआ होगा?

राधाः प्रेम का अवतरण

अगर हम इतिहास की ओर जाएँ, तो प्रारंभिक ग्रंथों में कृष्ण का स्वरूप एक महान योद्धा, कुशल रणनीतिकार, विजयी नायक और विष्णु के अवतार के रूप में दिखाई देता है। महाभारत और हरिवंश (जो महाभारत का परिशिष्ट माना जाता है) में कृष्ण का विस्तृत वर्णन मिलता है, लेकिन राधा का उल्लेख वहाँ बहुत प्रमुख रूप से नहीं दिखाई देता।

हाँ, वृंदावन, गोपियों और कृष्ण की बाल-लीलाओं का वर्णन अवश्य मिलता है,पर राधा का व्यक्तित्व अभी इतिहास के पन्नों पर पूरी तरह उभरकर सामने नहीं आया था।

कृष्ण लिखे इतिहास में, राधा लिखी न प्रीत।
जो न दिखे अक्षर तले, वही बने संगीत॥

तीसरी से नौवीं शताब्दी – भक्ति का विस्तार

समय आगे बढ़ा और तीसरी से नौवीं शताब्दी के बीच कृष्ण-भक्ति का स्वरूप बदलने लगा।
अब केवल वीरता नहीं, बल्कि प्रेम, भक्ति और आत्मिक समर्पण पर अधिक बल दिया जाने लगा।

भागवत पुराण ने कृष्ण भक्ति

को एक नई दिशा दी।
यहाँ कृष्ण की लीलाओं, उनकी बांसुरी, वृंदावन की गोपियों और प्रेम-रस का अत्यंत भावपूर्ण वर्णन मिलता है।

गोपियाँ अब केवल पात्र नहीं रहीं,
वे उस आत्मा का प्रतीक बन गईं
जो परमात्मा से मिलन चाहती है।

लेकिन आश्चर्य की बात यह है कि
इतने भावपूर्ण वर्णनों के बाद भी
राधा का नाम अभी स्पष्ट रूप से सामने नहीं आता।

मानो प्रेम उपस्थित था,
पर उसका नाम अभी समय ने छिपा रखा था।

"नाम न था इतिहास में, भाव मगर अथाह,
गोपियों के प्रेम में, छिपी हुई थी राह।"

आठवीं से बारहवीं शताब्दी — राधा का उदय

फिर समय आया जब राधा का स्वरूप धीरे-धीरे स्पष्ट होकर सामने आने लगा।
आठवीं से बारहवीं शताब्दी के बीच भक्ति साहित्य में राधा केवल एक गोपी नहीं रहीं,
बल्कि कृष्ण प्रेम की सबसे गहरी अनुभूति बन गईं।

कवि जयदेव की प्रसिद्ध रचना 'गीत गोविंद'

ने राधा-कृष्ण के प्रेम को एक नया आयाम दिया।

यहाँ पहली बार राधा का प्रेम, उनका विरह, उनका मान, उनका मिलन और उनकी पीड़ा इतने विस्तार और सौंदर्य के साथ सामने आया कि राधा भक्ति का केंद्र बन गईं।

"श्याम बंसी की तान बने, राधा उसका राग,
एक बिना दूजा अधूरा, जैसे दीपक-आग।"

पंद्रहवीं से सत्रहवीं शताब्दी — भक्ति आंदोलन

इसके आगे भक्ति आंदोलन का समय आया।
पंद्रहवीं से सत्रहवीं शताब्दी के बीच राधा-कृष्ण भक्ति जन-जन तक पहुँचने लगी।

श्री चैतन्य महाप्रभु, श्री वल्लभाचार्य और श्री निम्बार्काचार्य जैसे महान संतों ने राधा को केवल कृष्ण की प्रेमिका नहीं माना, बल्कि उन्हें भक्ति की सर्वोच्च शक्ति और दिव्य प्रेम का स्वरूप स्वीकार किया। उनके अनुसार राधा, कृष्ण से अलग नहीं हैं; वे उनकी आह्लादिनी शक्ति—अर्थात् आनंद, प्रेम और करुणा की परम अभिव्यक्ति हैं।

भजन रचे गए, मंदिर बने, संकीर्तन हुए,
और लोगों ने महसूस किया कि
कृष्ण तक पहुँचने का सबसे सहज मार्ग राधा का प्रेम है।

"भक्ति बनी जब प्रेम से, मिटा जगत का भेद,
राधा में दिखने लगा, हर जीव को वेद।"

अठारहवीं शताब्दी के बाद – राधा का आध्यात्मिक स्वरूप

अठारहवीं शताब्दी के बाद राधा-कृष्ण की भक्ति और अधिक व्यापक हो गई।

राधा उस प्रेम का प्रतीक बन गईं
जिसमें अधिकार नहीं, समर्पण है।
जिसमें मिलन से अधिक विरह की गहराई है।
जिसमें पाने से अधिक खोकर भी प्रेम करना है।

असंख्य भजन, गीत, कविताएँ और कथाएँ रची गईं।
वृंदावन केवल एक स्थान नहीं रहा,
वह प्रेम की एक अनुभूति बन गया।

"कृष्ण कथा तो युगों-युगों तक संसार सुनाएगा,
पर राधा का मौन विरह ही प्रेम सिखाएगा।"

अंततः, राधा का इतिहास केवल यह नहीं कि
वो कृष्ण की कौन थीं।

राधा का प्रेम हमें निस्वार्थ प्रेम सिखाता है —
वह प्रेम जिसमें कोई अधिकार नहीं, कोई अपेक्षा नहीं, केवल समर्पण होता है।

"प्रेम जहाँ निष्काम हो, भक्ति वहीं महान,
राधा ने समझा दिया, समर्पण ही पहचान।

और कहीं न कहीं यही भाव श्रीभगवद्गीता में भी दिखाई देता है, जहाँ श्रीकृष्ण कर्म, समर्पण और निष्काम भक्ति का मार्ग बताते हैं। गीता हमें सिखाती है कि जीवन का उद्देश्य केवल फल प्राप्त करना नहीं, बल्कि अपने कर्तव्य का निष्ठापूर्वक पालन करना है। जब कर्म अहंकार से मुक्त होकर समर्पण में बदल जाता है, तभी वह साधना बन जाता है।

"कर्मण्येवाधिकारस्ते मा फलेषु कदाचन।" (भगवद्गीता 2.47)

अर्थात —
तुम्हारा अधिकार केवल कर्म पर है,
उसके फल पर नहीं।

और शायद राधा ने इसी भाव को अपने प्रेम में जिया था उन्होंने प्रेम किया,लेकिन बदले में कुछ पाने की इच्छा नहीं रखी।

"गीता का उपदेश हो, या राधा का प्यार,
दोनों सिखलाते यही — कर समर्पण सार।"

राधाष्टमी : राधा का जन्म

अगर हम राधा रानी के जन्म और उनके स्वरूप की बात करें, तो अलग-अलग पौराणिक कथाओं और वैष्णव परंपराओं में उनके बारे में भिन्न-भिन्न वर्णन मिलते हैं।

कहा जाता है कि राधा रानी के पिता का नाम वृषभानु और उनकी माता का नाम कीर्तिदा (या कीर्ति देवी) था। परंपरागत मान्यताओं के अनुसार, राधा का जन्मस्थान बरसाना माना जाता है, जो आज उत्तर प्रदेश के मथुरा जनपद में स्थित एक अत्यंत पवित्र तीर्थस्थल है।

राधा के जन्मस्थान को लेकर विभिन्न परंपराओं में मतभेद हैं। कुछ वैष्णव परंपराएँ रावल को उनका जन्मस्थान मानती हैं, जबकि बरसाना को उनका बाल्यकाल और लीलास्थली माना जाता है।

समय के साथ बरसाना राधा रानी से सबसे अधिक जुड़ा हुआ प्रमुख तीर्थस्थल बन गया।

वहाँ आज भी अनेक मंदिर, भजन और परंपराएँ
राधा-कृष्ण के प्रेम की स्मृतियों को जीवित रखे हुए हैं।

कथा के अनुसार, एक दिन वृषभानु जी को यमुना किनारे एक दिव्य कन्या कमल के फूल पर विराजमान मिली।
उस कन्या के चारों ओर अद्भुत प्रकाश फैला हुआ था।

वृषभानु जी ने उसे ईश्वर का वरदान मानकर अपनी पुत्री के रूप में अपनाया।

"कमल दलों पर ज्योति सी, यमुना तट अवतार,
वृषभानु के आँगना, आई प्रेम अपार।"

एक और अत्यंत प्रसिद्ध कथा यह भी कही जाती है कि
राधा ने जन्म के बाद अपनी आँखें नहीं खोली थीं।
मानो संसार को देखने की उन्हें कोई इच्छा ही न हो।

फिर एक दिन जब माता यशोदा

बाल कृष्ण को लेकर उनके पास आईं,
तब राधा ने पहली बार कृष्ण को देखा —
और उसी क्षण अपनी आँखें खोल दीं।

शायद इसलिए लोग कहते हैं —
राधा की दृष्टि केवल कृष्ण के लिए थी।

यह कथा इतिहास है या आस्था,
यह कहना कठिन है।
लेकिन प्रेम की दुनिया में
कुछ बातें प्रमाण से नहीं, भाव से जीवित रहती हैं।

"दुनिया को देखने की चाह उन्हें कब थी,
उनकी आँखों में तो बस श्याम बसे थे।
पलकों ने खुलना भी तब सीखा,
जब सामने कान्हा खड़े थे।"

हम सब बड़े उत्साह से कृष्ण जन्माष्टमी मनाते हैं। भाद्रपद मास में आने वाले इस पर्व पर व्रत रखे जाते हैं, मंदिर सजाए जाते हैं, भजन-कीर्तन होते हैं और भगवान कृष्ण के जन्म का उत्सव मनाया जाता है। लेकिन बहुत कम लोग जानते हैं कि जन्माष्टमी के लगभग पंद्रह दिन बाद राधाष्टमी मनाई जाती है, जिसे राधा रानी के प्राकट्य दिवस के रूप में श्रद्धापूर्वक मनाया जाता है।

यदि जन्माष्टमी हमें कृष्ण के अवतरण का स्मरण कराती है, तो राधाष्टमी हमें प्रेम, करुणा, समर्पण और भक्ति के उस स्वरूप का स्मरण कराती है, जिसका प्रतीक राधा हैं।

"कृष्ण जन्म उत्सव बना, गूँजे हरि का नाम,
राधाष्टमी याद दिलाए – राधा बिन क्या श्याम।"

अगर राधा और कृष्ण की आयु की बात करें,
तो इसके बारे में कोई स्पष्ट ऐतिहासिक या शास्त्रीय प्रमाण नहीं मिलता।

कुछ वैष्णव मान्यताओं में यह कहा जाता है कि
राधा रानी, कृष्ण से कुछ वर्ष बड़ी थीं –
कहीं 7–8 वर्ष तक का अंतर भी बताया जाता है।

लेकिन यह समझना भी ज़रूरी है कि
राधा-कृष्ण की कथा केवल इतिहास नहीं है।
यह भक्ति, प्रेम और आध्यात्मिक अनुभव की कथा है।

इसलिए कई विद्वान मानते हैं कि
ये आयु और संबंधों के वर्णन
भक्ति को भावनात्मक रूप देने के लिए भी विकसित हुए होंगे।

क्योंकि जब हम राधा-कृष्ण को देखते हैं,

तो वहाँ केवल एक स्त्री और एक पुरुष का संबंध नहीं दिखता।
वहाँ आत्मा और परमात्मा का मिलन दिखाई देता है।
प्रेम और भक्ति का मिलन दिखाई देता है।

"उम्र कहाँ मायने रखे, प्रेम जहाँ निष्काम,
राधा में बस श्याम थे, श्यामों में बस नाम।"

और यदि सामाजिक दृष्टि से देखें,
तो हमारे समाज में अक्सर यह माना जाता रहा है कि

विवाह में पुरुष की आयु स्त्री से अधिक होनी चाहिए।
इसके पीछे मानसिक परिपक्वता, सामाजिक जिम्मेदारियों और पारंपरिक सोच को कारण माना गया।

"राधा-कृष्ण की कथा में हिसाब नहीं होता,
वहाँ प्रेम उम्र से नहीं, एहसास से जन्म लेता है।"

राधा और कृष्ण की पहली मुलाक़ात का कोई एक निश्चित ऐतिहासिक या शास्त्रीय प्रमाण उपलब्ध नहीं है।
इसलिए उनकी कथा विभिन्न परंपराओं, पुराणों, लोककथाओं और भक्तिकालीन साहित्य में अलग-अलग रूपों में वर्णित मिलती है।
लेकिन शायद इसी अनिश्चितता में उनकी कहानी की सबसे बड़ी सुंदरता छिपी है।

कहा जाता है कि जब कृष्ण पहली बार वृंदावन की गलियों में आए, तभी राधा ने उन्हें देखा।
कुछ कथाएँ कहती हैं कि वह एक साधारण-सी मुलाक़ात थी,

पर कुछ मानती हैं कि वह पहचान नई नहीं थी —
मानो दो आत्माएँ बहुत समय बाद फिर एक-दूसरे के सामने आई हों।

कृष्ण की बाँसुरी की धुन और राधा का उस स्वर की ओर खिंच जाना,
इसे केवल प्रेम कहना शायद पर्याप्त नहीं होगा।
यह उस आकर्षण जैसा था, जहाँ आत्मा स्वयं अपने स्रोत की ओर लौटना चाहती है।

रास की कथाएँ, वृंदावन की लीलाएँ,
यमुना किनारे का वह भाव —
इन सबमें प्रेम केवल दो व्यक्तियों के बीच नहीं दिखता,
बल्कि भक्ति और परम चेतना के मिलन का प्रतीक बन जाता है।

और फिर आया वह क्षण,
जब कृष्ण ने वृंदावन छोड़ दिया।
यहीं से राधा का विरह आरंभ होता है।

पर यह विरह भी साधारण नहीं था।
दूरी थी, पर अलगाव नहीं।
मिलन समाप्त हुआ, पर प्रेम नहीं।
शायद इसलिए राधा-कृष्ण की कथा आज भी केवल प्रेम कहानी बनकर नहीं रह जाती।

वह मिलन से अधिक विरह की कहानी है,
और शायद यही उसे अमर बनाता है —
जहाँ साथ न होकर भी,
दो आत्माएँ कभी अलग नहीं होतीं।

अध्याय 2

विरह - मन, स्मृति और प्रेम का विज्ञान(The Psychology of Separation)

यहीं पर सबसे बड़ा प्रश्न उठता है —
कृष्ण के वृंदावन छोड़ने के बाद राधा का क्या हुआ?

कृष्ण अपने कर्तव्य-पथ पर आगे बढ़ गए।
वे मथुरा गए, कंस का वध किया, और फिर संसार के धर्म और राजनीति में रम गए।
लेकिन राधा... और गोपियाँ... वृंदावन में ही रह गईं।

मन की पीड़ा कह गई, राधा की हर साँस,
मिलन हुआ न उम्र भर, फिर भी टूटी न आस।

कहा जाता है कि कृष्ण के जाने के बाद राधा ने वृंदावन तक नहीं छोड़ा, क्योंकि वहाँ की हर गली, हर वृक्ष, हर पल में उन्हें कृष्ण का अनुभव होता था।
कृष्ण की बाँसुरी की धुन मानो अब भी हवा में गूँजती थी,
और राधा हर क्षण कृष्ण को अपने आसपास महसूस करती थीं।

यही विरह धीरे-धीरे उनकी भक्ति का सबसे गहरा स्वरूप बन गया।
और शायद इसी विरह ने उन्हें "राधा रानी" का वह दिव्य स्थान दिया,

जहाँ प्रेम केवल पाने का नहीं,
बल्कि पूर्ण समर्पण का प्रतीक बन जाता है।

मिलन में प्रेम दिखता है,
पर विरह में प्रेम सिद्ध होता है।

राधा ने कृष्ण को कभी रोका नहीं,
क्योंकि प्रेम बाँधता नहीं... मुक्त करता है।

लोग पूछते रहे राधा से —
"कृष्ण लौटे क्या?"
राधा मुस्कुरा कर बस इतना कहतीं —
"जो कभी गया ही नहीं, उसे लौटना क्या..."

एक और प्रसिद्ध कथा भागवत पुराण में मिलती है — **उद्धव की कथा।**

उद्धव की कथा वास्तव में भागवत पुराण के सबसे भावपूर्ण प्रसंगों में से एक मानी जाती है।

भागवत पुराण के अनुसार, कृष्ण ने उद्धव को वृंदावन भेजा ताकि वे गोपियों तक उनका संदेश पहुँचाएँ और उन्हें ज्ञान, योग तथा वैराग्य का मार्ग समझाएँ। उद्धव अत्यंत विद्वान, तर्कशील और शास्त्रों के गहरे ज्ञाता थे। उन्हें विश्वास था कि वे विरह से व्याकुल हृदयों को समझा सकेंगे।

लेकिन वृंदावन पहुँचकर जो उन्होंने देखा, उसने उनका समस्त अहंकार बदल दिया।

उन्होंने देखा कि गोपियाँ कृष्ण को भूलना नहीं चाहती थीं।

वे विरह से मुक्त होना भी नहीं चाहती थीं,
क्योंकि उनके लिए वही विरह कृष्ण की सबसे बड़ी उपस्थिति था।

राधा का प्रेम किसी तर्क का विषय नहीं था।
वह ऐसा समर्पण था जहाँ "मैं" शेष ही नहीं बचता।

उद्धव लेकर ज्ञान को, पहुँचे ब्रज के धाम,
राधा के इक प्रेम ने, हर लिया अभिमान।

जहाँ शास्त्र चुप हो गए, आँसू बोले बात,
राधा के विरह में मिला, प्रेम का साक्षात।

उद्धव ने जब देख ली, राधा मन की पीर,
ज्ञान खड़ा था मौन तब, प्रेम बना जागीर।

और शायद इस कथा का सबसे सुंदर अर्थ यही है —

उद्धव कृष्ण का संदेश लेकर आए थे,
पर लौटे राधा का प्रेम लेकर।

क्योंकि वृंदावन में उन्हें समझ आया कि
ज्ञान भगवान तक पहुँचा सकता है,
लेकिन प्रेम... भगवान को भी भक्त के पास खींच लाता है।

यह प्रसंग श्रीमद्भागवत महापुराण के दशम स्कंध में वर्णित है और इसे 'उद्धव-संदेश' या 'भ्रमर-गीत' प्रसंग से जोड़ा जाता है। इस कथा का मुख्य संदेश यह है कि ज्ञान महत्वपूर्ण है, परंतु प्रेम और संवेदना के बिना वह अधूरा है।

आज भी हम अक्सर यह मान लेते हैं कि हर समस्या का समाधान सलाह, तर्क और समझाने से हो जाएगा। लेकिन हर व्यक्ति को **समाधान नहीं, कभी-कभी केवल समझे जाने की आवश्यकता होती है।**

यह भाव भी मन में बार-बार आता है कि क्या वृंदावन से जाने के बाद कृष्ण और राधा फिर कभी शारीरिक रूप से मिले थे?

भक्ति साहित्य में एक कथा कही जाती है कि जब राधा रानी अपने जीवन के अंतिम समय में थीं,
तब कृष्ण उनसे मिलने आए थे।

और उसी क्षण, कृष्ण का स्मरण करते हुए,
राधा ने अपने शरीर का त्याग कर दिया
और पुनः उसी दिव्य स्वरूप में विलीन हो गईं,
जिसका वे स्वयं एक अंश थीं।

अंतिम साँसों में मिला, फिर से श्याम का नाम,
राधा खुद में खो गईं, जैसे मिल गए श्याम।

राधा और कृष्ण का प्रेम इसलिए अमर नहीं हुआ कि वे जीवन भर साथ रहे,
बल्कि इसलिए कि उनके बीच दूरी आने पर भी प्रेम समाप्त नहीं हुआ।

अध्याय 3

हर मनुष्य का अपना एक वृंदावन होता है(Every Human Has a Vrindavan)

पीड़ा का कोई मापदंड नहीं होता; इसलिए किसी की भी पीड़ा को कम नहीं समझना चाहिए।"

अगर हम उस पल के बारे में सोचें, जब कृष्ण राधा से अलग होकर वृंदावन छोड़ मथुरा गए, तो हमें केवल राधा की पीड़ा ही दिखाई देती है। पर क्या कृष्ण की पीड़ा कम थी? कृष्ण भी तो वियोग में गए थे, कृष्ण ने भी तो विरह सहा था।

यह सच है कि किसी भी हृदय का दुःख छोटा नहीं होता।
अगर कृष्ण के वियोग की बात करें, तो क्या पुरुष का विरह, उसका दर्द, पीड़ा नहीं होता?
पुरुष को भी उतना ही दर्द होता है, बस अंतर इतना है कि
पुरुष स्वयं को पर्वत जैसा विशाल बना लेता है, ताकि उससे
टकराकर बहती नदियाँ अपना रास्ता पा सकें, ताकि दूसरों का जीवन आगे बढ़ सके।

वह अपने आँसू छिपा लेता है, अपने टूटने को मौन में बदल देता है।
पर इसका अर्थ यह नहीं कि उसे पीड़ा नहीं होती।
कृष्ण का मौन भी उतना ही गहरा था, जितना राधा का विरह।

एक ने प्रतीक्षा में प्रेम जिया,
दूसरे ने कर्तव्य में।

राधा रोई वृंद में, श्याम रहे मौन,
पीड़ा दोनों ओर थी, बस अलग था कौन।

जाने वाला भी जला, रहने वाला भी,
विरह की इस अग्नि में, खोया दोनों ने ही।

पर्वत जैसे पुरुष भी, भीतर होते चूर,
बस दुनिया के सामने, रहते हैं भरपूर।

और शायद इस कथा का सबसे मानवीय पक्ष यही है —

पीड़ा स्त्री या पुरुष की नहीं होती,
पीड़ा बस हृदय की होती है।

कोई रोकर व्यक्त कर देता है,
कोई मुस्कुराकर छिपा लेता है।

लेकिन दोनों ही भीतर से उतने ही टूटते हैं।

शायद इसी कारण कृष्ण की मुस्कान को समझना उतना ही कठिन है, जितना राधा के विरह को समझना।"

हम सब अपने भीतर एक वृंदावन लेकर चलते हैं।

वह किसी मानचित्र पर अंकित नहीं होता, न ही किसी एक शहर, मंदिर या युग में सीमित होता है।

वह उन लोगों, उन जगहों, उन सपनों और उन पलों से बनता है, जो कभी हमारे जीवन का हिस्सा थे, लेकिन आज हमारे साथ नहीं हैं।

शायद वृंदावन वही है, जिसे हम खो चुके हैं, पर जो अब भी हमारे भीतर जीवित है जैसे- एक खोया हुआ मित्र, एक पुराना स्कूल, एक पहला प्रेम, एक अधूरा सपना, कुछ अनकहे शब्द और कुछ अपूर्ण इच्छाएँ।

खोई हुई मित्रताएँ (Lost Friendships): दोस्त बदलते नहीं, रास्ते बदल जाते हैं।

जीवन के हर पड़ाव पर कुछ मित्र हमारे साथ चलते हैं। हम साथ हँसते हैं, सपने देखते हैं और दुनिया को जीत लेने की योजनाएँ बनाते हैं।

फिर एक दिन जीवन अपने रास्ते बदल देता है।

न कोई झगड़ा होता है, न कोई विदाई।

बस बातचीत कम हो जाती है और दूरी बढ़ जाती है।

लेकिन वर्षों बाद भी कोई गीत, कोई तस्वीर या कोई पुराना संदेश हमें उसी समय में वापस ले जाता है।

शायद वे मित्र अब हमारे जीवन का हिस्सा नहीं हैं, पर हमारे वृंदावन का हिस्सा हमेशा रहेंगे।

बिछड़ चुके माता-पिता (Departed Parents): अनुपस्थिति जो कभी अनुपस्थित नहीं होती

कुछ लोग चले जाने के बाद भी हमारे भीतर बसे रहते हैं।

उनकी आवाज़, उनकी सीख, उनकी डाँट, उनका स्नेह—सब कुछ हमारे निर्णयों का हिस्सा बन जाता है।

हम बड़े हो जाते हैं, लेकिन भीतर कहीं उनका बच्चा बने रहते हैं।

उनकी अनुपस्थिति एक खालीपन नहीं, बल्कि एक अदृश्य उपस्थिति बन जाती है।

शायद प्रेम का सबसे गहरा रूप यही है—जब व्यक्ति नहीं रहता, पर उसका अस्तित्व हमारे भीतर जीवित रहता है।

पुराना विद्यालय (Old Schools): जहाँ हम स्वयं से पहली बार मिले थे

हर इंसान के भीतर एक स्कूल आज भी जीवित है।

वही गलियारे, वही प्रार्थना, वही ब्लैकबोर्ड, वही शरारतें और वही मासूमियत।

हम वहाँ लौट नहीं सकते, लेकिन वह जगह कभी हमें छोड़ती भी नहीं।

वहाँ हमने केवल पढ़ाई नहीं की थी; हमने स्वयं को बनाना शुरू किया था।

शायद हमारा एक हिस्सा हमेशा उसी कक्षा में बैठा रहता है।

<u>अधूरे सपने (Unfinished Dreams)</u>: जो पूरे न होकर भी हमें गढ़ते हैं

हर सपना पूरा नहीं होता।

कुछ रास्ते छूट जाते हैं।

कुछ इच्छाएँ परिस्थितियों के आगे रुक जाती हैं।

लेकिन हर अधूरा सपना असफलता नहीं होता।

कई बार वही सपने हमें नया रूप देते हैं, हमारी प्राथमिकताएँ बदलते हैं और हमें उस इंसान में बदल देते हैं, जो हमें बनना था

अधूरापन भी जीवन का एक आवश्यक अध्याय है।

पहला प्रेम (First Love): जो व्यक्ति नहीं, एक एहसास बन जाता है

पहला प्रेम अक्सर हमारे साथ नहीं रहता।

लेकिन वह हमें प्रेम करना सिखा जाता है।

वह हमें हमारी संवेदनशीलता, हमारी नादानी और हमारे सच्चे रूप से परिचित कराता है।

समय के साथ चेहरे धुँधले पड़ जाते हैं, पर भावनाएँ नहीं।

शायद पहला प्रेम किसी व्यक्ति का नाम नहीं, बल्कि हमारे भीतर जन्मी एक अनुभूति का नाम है।

छूटे हुए अवसर (Missed Opportunities): हर 'काश' का अपना अर्थ होता है

हम सभी के जीवन में कुछ 'काश' होते हैं।

काश वह नौकरी स्वीकार कर ली होती।

काश वह बात कह दी होती।

काश थोड़ा साहस दिखाया होता।

लेकिन जीवन पीछे मुड़कर नहीं चलता।

वह हमें यह सिखाता है कि हर छूटा हुआ अवसर एक नई समझ छोड़ जाता है।

हमारी यात्रा केवल सफलताओं से नहीं, बल्कि उन अवसरों से भी बनती है जिन्हें हमने खो दिया।

और शायद यही वृंदावन है...

वृंदावन वह जगह नहीं जहाँ सब कुछ मिल जाता है।
वृंदावन वह जगह है जहाँ खोई हुई चीज़ें भी प्रेम में बदल जाती हैं।

जहाँ बिछड़े लोग स्मृतियों में जीवित रहते हैं।
जहाँ अधूरे सपने भी अर्थपूर्ण बन जाते हैं।
जहाँ 'काश' पछतावा नहीं, बल्कि परिपक्वता बन जाता है।

वृंदावन कहीं बाहर नहीं है।
वह उन सभी चीज़ों का घर है जिन्हें हमने खोया नहीं, बल्कि अपने भीतर सहेज लिया है।

अध्याय 4

राधा और रुक्मिणी – प्रेम के दो आयाम(Two Dimensions of Love)

राधा और कृष्ण का विवाह हुआ था या नहीं –
यह एक बहुत गहरा और कठिन प्रश्न है।

क्योंकि राधा और कृष्ण का संबंध केवल सांसारिक मिलन का नहीं था।शायद उनका प्रेम उस सीमा से कहीं आगे था, जहाँ विवाह जैसे बंधनों की आवश्यकता ही नहीं रह जाती।

विवाहों में जग बँध गया, रीति रही पहचान,
राधा-कृष्ण का प्रेम था, आत्मा का सम्मान।

साथ न फेरे, साथ न मंडप, साथ न कोई रीत,
फिर भी जग में अमर हुई, राधा-श्याम की प्रीत।

यदि कृष्ण के विवाह की बात करें, तो शास्त्रों के अनुसार उनके विवाह मथुरा और द्वारका की स्थापना के बाद हुए।

रुक्मिणी को कृष्ण की प्रथम पत्नी माना जाता है।
कथाओं के अनुसार, रुक्मिणी का विवाह जबरन किसी और से कराया जा रहा था।

तब उन्होंने कृष्ण को संदेश भेजा, और कृष्ण ने आकर उनका हरण किया तथा उनसे विवाह किया।
इसके अतिरिक्त कृष्ण की आठ प्रमुख रानियों का भी उल्लेख मिलता है,
जिनमें सत्यभामा, जाम्बवती, कालिंदी, मित्रविंदा जैसी रानियों के नाम शामिल हैं।

लेकिन इन सबके बीच एक बात सदैव विशेष रही —
कृष्ण के जीवन में रुक्मिणी पत्नी थीं,
पर राधा प्रेम थीं।
और शायद प्रेम का स्थान हर रिश्ते से अलग और सबसे गहरा होता है।

रुक्मिणी थीं धर्म की, मर्यादा की शान,
राधा थीं उस प्रेम की, जिसका नहीं विधान।

मुकुट, सिंहासन, राज सब, जग की थी पहचान,
राधा का बस नाम ही, बन गया भगवान।

और शायद इसी कारण सदियों बाद भी लोग यह नहीं कहते कि
“रुक्मिणी-कृष्ण”,
बल्कि सहज ही “राधे-कृष्ण” कह उठते हैं।

क्योंकि कुछ संबंध इतिहास में दर्ज होते हैं,
और कुछ... हृदय में अमर हो जाते हैं।

एक भावपूर्ण प्रश्न बार-बार सामने आता है —
क्या कभी रुक्मिणी के मन में यह इच्छा नहीं हुई होगी कि वे राधा को जानें... समझें...?
उस राधा को, जिनका नाम कृष्ण के साथ सदैव लिया जाता है।

और इसी भाव से जुड़ी एक प्रसिद्ध कथा सुनने को मिलती है।

कहा जाता है कि एक बार रुक्मिणी ने कृष्ण को बहुत गर्म दूध दे दिया।
दूध पीने से कृष्ण के होंठ और मुख जल गए।

इसके बाद जब रुक्मिणी राधा रानी के पास पहुँचीं,
तो उन्होंने देखा कि राधा के शरीर पर भी जलन के चिन्ह उभर आए हैं।

तब रुक्मिणी को यह अनुभव हुआ कि राधा और कृष्ण का संबंध केवल बाहरी नहीं,
बल्कि इतना गहरा है कि कृष्ण की पीड़ा भी राधा स्वयं महसूस करती हैं।

रुक्मिणी ने देख कर, मन ही मन यह जाना,
श्याम जहाँ पीड़ा सहें, राधा पाएँ ताना।

अधरों की जलन श्याम की, पहुँची राधा पास,
प्रेम वहाँ ऐसा मिला, मिट गया अहसास।

यदि मर्यादा और राजधर्म की बात करें,
तो रुक्मिणी आदर्श, संतुलित और राजसी प्रेम का प्रतीक हैं।

और यदि माधुर्य, भक्ति और आत्मिक प्रेम की बात करें,
तो राधा उसका सर्वोच्च स्वरूप हैं।

दोनों अपने-अपने स्थान पर पूर्ण भी हैं...
और कहीं न कहीं अधूरी भी।

एक बहुत रोचक बात हमें कार्यक्रम में सुनने को मिली।

कहा जाता है कि रणभूमि में एक बार स्त्रियों ने कृष्ण से पूछा —

"आपकी दृष्टि में सबसे सम्मानित स्त्री कौन है?"

और तब कृष्ण ने जिस नाम का उल्लेख किया,
वह था — रुक्मिणी।

यह बात सुनकर मन कुछ पल के लिए ठहर जाता है।
क्योंकि जब भी कृष्ण का नाम आता है,
हमारे मन में सबसे पहले राधा का स्मरण होता है।
लेकिन कृष्ण के जीवन का एक दूसरा पक्ष भी था —
राजनीति, युद्ध, दायित्व, राज्य और धर्म का पक्ष।

राधा ने कृष्ण को वृंदावन की गलियों में देखा था —
एक बांसुरी बजाने वाले कान्हा के रूप में,
जहाँ प्रेम था, सहजता थी, निश्छलता थी।

लेकिन रुक्मिणी ने कृष्ण को उस रूप में देखा
जिसे दुनिया ने द्वारकाधीश कहा।
जहाँ हर निर्णय के पीछे राज्य का भार था,
हर मुस्कान के पीछे युद्धों की थकान,
और हर कदम पर धर्म निभाने की जिम्मेदारी।

राधा ने कृष्ण के हृदय को जाना,
रुक्मिणी ने कृष्ण के संघर्ष को।

शायद इसलिए दोनों का स्थान अलग होकर भी अधूरा नहीं है।
एक प्रेम की पराकाष्ठा है,
तो दूसरी साथ निभाने की मर्यादा।

राधा और रुक्मिणी तुलना के विषय नहीं,
बल्कि कृष्ण के जीवन के दो अलग सत्य हैं।

एक ने कृष्ण को चाहा,
दूसरी ने कृष्ण को जिया।

"राधा ने जिस कृष्ण को प्रेम में खोकर पाया,
रुक्मिणी ने उसी कृष्ण को संसार में निभाया।"

यह कहानी दो स्त्रियों की तुलना नहीं, बल्कि प्रेम के दो रूपों को समझने की यात्रा है।राधा और रुक्मिणी प्रतिस्पर्धी नहीं थीं;
वे मानव जीवन के दो अलग-अलग आयामों का प्रतिनिधित्व करती हैं।

आज के आधुनिक संसार में भी हर व्यक्ति के भीतर कहीं न कहीं एक राधा और एक रुक्मिणी रहती हैं।

राधा : जो हृदय को जीना सिखाती हैं

राधा उस प्रेम का प्रतीक हैं जो बिना शर्त होता है।

वह किसी अधिकार, नाम या सामाजिक पहचान पर आधारित नहीं होता।

राधा हमें सिखाती हैं कि प्रेम का सबसे गहरा रूप स्वामित्व नहीं, बल्कि उपस्थिति है।

आज की दुनिया में, जहाँ संबंध अक्सर 'स्टेटस', 'लेबल' और 'मान्यता' से मापे जाते हैं, राधा हमें याद दिलाती हैं कि हर रिश्ता किसी पर अधिकार जमाने के लिए नहीं होता।

कुछ लोग हमारे जीवन में केवल हमें बदलने के लिए आते हैं।
वे हमारे साथ हमेशा नहीं रहते, लेकिन हमें हमेशा के लिए बदल जाते हैं।

रुक्मिणी : जो प्रेम को जिम्मेदारी बनाती हैं

रुक्मिणी उस प्रेम का स्वरूप हैं जो केवल भावना नहीं, बल्कि कर्म भी है।

उन्होंने प्रेम को जीवन की वास्तविकताओं के साथ जिया।

उन्होंने साथ निभाया, जिम्मेदारियाँ साझा कीं और जीवन की संरचना बनाई।

आज के समय में रिश्ते केवल भावनाओं से नहीं चलते; उन्हें धैर्य, संवाद, सम्मान और निरंतर प्रयास की आवश्यकता होती है

रुक्मिणी हमें सिखाती हैं कि प्रेम केवल महसूस करने की चीज़
नहीं, बल्कि रोज़ निभाने की प्रक्रिया भी है।

आज का मनुष्य विरोधाभासों में जी रहा है,

हमें राधा चाहिए, पर हम रुक्मिणी की तलाश करते हैं|

हम गहरा भावनात्मक जुड़ाव चाहते हैं, लेकिन प्रतिबद्धता से डरते हैं।

हम स्वतंत्रता चाहते हैं, लेकिन अकेलापन नहीं।

हम प्रेम चाहते हैं, लेकिन उसके साथ आने वाली जिम्मेदारियाँ नहीं।

शायद इसलिए हमारे रिश्ते जल्दी बनते हैं और जल्दी टूट भी जाते हैं।

हर रिश्ते में दोनों की आवश्यकता है

यदि केवल राधा हों, तो प्रेम गहरा होगा लेकिन जीवन का ढाँचा अधूरा रह सकता है।

यदि केवल रुक्मिणी हों, तो जीवन व्यवस्थित होगा, लेकिन भावनात्मक गहराई कम हो सकती है।

जीवन को दोनों की आवश्यकता है—

राधा की संवेदनशीलता और रुक्मिणी की स्थिरता।
राधा की आत्मा और रुक्मिणी का आधार।
राधा का भाव और रुक्मिणी का व्यवहार।

आधुनिक जीवन में राधा और रुक्मिणी कहाँ हैं?

एक चिकित्सक में—
राधा उसके भीतर की करुणा है।
रुक्मिणी उसका अनुशासन और सेवा-भाव है।

एक माता-पिता में—
राधा उनका निस्वार्थ प्रेम है।
रुक्मिणी उनकी जिम्मेदारी और संरक्षण है।

एक मित्र में—
राधा भावनात्मक उपस्थिति है।
रुक्मिणी समय निकालकर साथ निभाने की प्रतिबद्धता है।

एक दंपति में—
राधा प्रेम की धड़कन है।
रुक्मिणी जीवन की साझेदारी है।

स्वयं हमारे भीतर—
राधा हमारी संवेदनशील आत्मा है।
रुक्मिणी हमारा परिपक्व व्यक्तित्व है।

क्या हर इंसान के भीतर राधा और रुक्मिणी रहती हैं?
शायद हाँ।
हम सभी के भीतर एक राधा है जो गहराई से प्रेम करना चाहती है।
और एक रुक्मिणी है जो उस प्रेम को स्थायित्व देना चाहती है।
जीवन का संतुलन तब बनता है जब हम दोनों को स्वीकार करते हैं।

राधा हमें सिखाती हैं कि प्रेम आत्मा की भाषा है।
रुक्मिणी हमें सिखाती हैं कि प्रेम जीवन की जिम्मेदारी भी है।
और कृष्ण हमें सिखाते हैं कि इन दोनों के बीच संतुलन ही जीवन का वास्तविक वृंदावन है।

यदि जीवन कभी यह प्रश्न हमसे
पूछे कि

"राधा बनना है या रुक्मिणी?",
तो उसका उत्तर इतना सरल नहीं है।

क्योंकि पूर्णता शायद किसी में भी नहीं होती।
रुक्मिणी के पास साथ था, सम्मान था, अधिकार था...
लेकिन राधा के पास वह प्रेम था, जो शरीर से परे जाकर आत्मा में बस जाता है।

और शायद इसी कारण दोनों अपने-अपने स्थान पर अद्वितीय हैं।

राधा में था विरह गहरा, रुक्मिणी में साथ,
दोनों ने ही प्रेम को, दिया अलग सा हाथ।

जिसे मिला वह पूर्ण ना, जिसे खोया वो खास,
जीवन की इस रीत में, छिपा हुआ विश्वास।

चाहत पूरी हो गई, फिर भी मन बेचैन,
अधूरे कुछ स्वप्न ही, रखते जीवन चैन।

इसीलिए शायद अंत में राधा की कहानी
हमें प्रेम से अधिक "स्वीकार" सिखाती है।

कि —
जो है... वही सुंदर है।
जो मिला... वही पर्याप्त है।

अध्याय 5

जो प्राप्त है, वही पर्याप्त है(What You Have is Enough)

शायद प्रेम का सत्य भी यही है —
जिसे जो मिला, वह पूरी तरह उसका कभी हो नहीं पाया...
और जिसे पाया नहीं जा सका, वह मन में सबसे गहराई से बस गया।

इससे एक और बात समझ में आती है —
मनुष्य को जो मिला है, उसमें संतोष और कृतज्ञता खोजनी चाहिए,
क्योंकि केवल चाहतों के पीछे भागते रहना अंततः दुःख ही देता है।

इसका सबसे बड़ा उदाहरण हमें महाभारत की कथा में दिखाई देता है।

युद्ध में कौन जीता और कौन हारा — यह तो इतिहास बताता है,
लेकिन क्या वास्तव में कोई सुखी हो पाया?

क्या गांधारी खुश रहीं, जिन्होंने अपने सौ पुत्रों को खो दिया?
क्या कुंती अपने पुत्रों के संघर्ष और पीड़ा के बाद सच में शांत हो पाईं?
क्या अर्जुन प्रसन्न थे, जिन्होंने अपने प्रियजनों, गुरुजनों और अपनों को युद्धभूमि में खो दिया?

भाई-भाई के बीच युद्ध हुआ,
अहंकार और अधिकार की लड़ाई हुई,
लेकिन अंत में किसी को भी पूर्ण सुख नहीं मिला।

शायद यही महाभारत का सबसे बड़ा संदेश है —
जीत हमेशा शांति नहीं देती,
और हर युद्ध अपने पीछे कोई न कोई खालीपन छोड़ जाता है।

मनुष्य अक्सर सोचता है कि
"अगर यह मिल जाए, तो मैं पूर्ण हो जाऊँगा।"
लेकिन जीवन बार-बार यह सिखाता है कि
पूर्णता किसी वस्तु, व्यक्ति या विजय में नहीं,
बल्कि स्वीकार में होती है।

चाहत की इस दौड़ में, मन होता लाचार,
जो पाया उसका मोल कम, जो खोया वो प्यार।

जीते युद्ध अनेक पर, मन फिर भी उदास,
महाभारत यह कह गई, शांति नहीं हर जीत के पास।

हस्तिनापुर जीतकर, पांडव रहे अधीर,
अपनों की उस राख में, कहाँ बची थी पीर।

और शायद यही कारण है कि श्रीमद्भगवद्गीता में कृष्ण बार-बार आसक्ति से ऊपर उठने की बात करते हैं।

क्योंकि इच्छाएँ पूरी होने पर भी नई इच्छाएँ जन्म लेती हैं,
लेकिन संतोष... मन को स्थिर कर देता है।

शायद जीवन का सत्य यही है –

हर व्यक्ति किसी न किसी अधूरेपन के साथ जीता है।

लेकिन जो व्यक्ति उस अधूरेपन को स्वीकार कर लेता है,
वही भीतर से शांत हो पाता है।

क्या संतोष ही आधुनिक युग का खोया हुआ वृंदावन है?

"मनुष्य का सबसे बड़ा विरोधाभास यह है कि उसके पास जितना अधिक होता जाता है, उसे उतना ही अधिक अभाव महसूस होने लगता है।"

आज का मनुष्य पहले से अधिक सुविधाओं से घिरा हुआ है,
लेकिन शायद पहले से अधिक बेचैन भी है।

हमारे पास तेज़ इंटरनेट है, लेकिन धैर्य नहीं।
हमारे पास हजारों संपर्क हैं, लेकिन गहरे संबंध नहीं।
हमारे पास उपलब्धियाँ हैं, लेकिन संतुष्टि नहीं।
हमारे पास बहुत कुछ है, फिर भी भीतर कहीं एक आवाज़ कहती रहती है—"**अभी कुछ कमी है।**"

शायद आधुनिक जीवन की सबसे बड़ी विडंबना यही है कि हम जो नहीं है, उसके पीछे इतना भागते हैं कि जो है, उसे जीना ही भूल जाते हैं।

पर्याप्तता का अर्थ रुक जाना नहीं है

'जो प्राप्त है, वही पर्याप्त है' का अर्थ यह नहीं कि हम सपने देखना छोड़ दें या आगे बढ़ना बंद कर दें।इसका अर्थ है—अपने वर्तमान का अपमान किए बिना भविष्य की ओर बढ़ना।

महत्त्वाकांक्षा और असंतोष अलग-अलग बातें हैं।
प्रगति आवश्यक है, लेकिन निरंतर तुलना हमें भीतर से खाली कर देती है।
संतोष ठहराव नहीं, बल्कि मानसिक संतुलन है।

आज का मनुष्य किस दौड़ में भाग रहा है?

एक लक्ष्य पूरा होता है, दूसरा सामने खड़ा हो जाता है।
एक घर मिलता है, तो बड़ा घर चाहिए।
एक उपलब्धि मिलती है, तो दूसरी की चिंता शुरू हो जाती है।

हमने जीवन को अनुभव करने के बजाय उसे हासिल करने की परियोजना बना दिया है।
लेकिन प्रश्न यह है—

अगर आज को जीए बिना हम कल तक पहुँच भी गए, तो क्या सचमुच पहुँचे?

राधा हमें क्या सिखाती हैं?
राधा के पास कोई राजमहल नहीं था।
कोई पद, प्रतिष्ठा या अधिकार नहीं था।
फिर भी उनका प्रेम अमर हो गया।
क्यों?
क्योंकि उन्होंने उपस्थिति का मूल्य समझा।

उन्होंने उस क्षण को जिया जो उनके पास था।
उन्होंने जीवन को संग्रह नहीं, अनुभव बनाया।

आधुनिक दुनिया का सबसे बड़ा संकट तुलना हैं,

सोशल मीडिया ने हमें दूसरों का जीवन दिखाया, लेकिन अपना जीवन देखने की क्षमता कम कर दी।

हम दूसरों की सफलताओं को देखते हैं और अपनी यात्रा को कम आँकने लगते हैं।

लेकिन हर जीवन की गति अलग होती है।

हर व्यक्ति की कहानी अलग होती है।

जो आपके लिए पर्याप्त है, वह किसी और के लिए नहीं होगा।

और जो किसी और के पास है, वह आपकी आवश्यकता भी नहीं हो सकती।

पर्याप्तता का अर्थ है—

- जो है, उसका सम्मान करना।
- जो नहीं है, उसके लिए प्रयास करना।
- लेकिन अपनी शांति को दाँव पर न लगाना।

पर्याप्तता कोई बाहरी उपलब्धि नहीं, बल्कि एक आंतरिक निर्णय है।

आधुनिक मनोविज्ञान भी यही कहता है

अनुसंधान बताते हैं कि कृतज्ञता, वर्तमान में जीना और संबंधों को महत्त्व देना, मानसिक स्वास्थ्य और संतुष्टि के प्रमुख आधार हैं।

खुशी केवल प्राप्त करने से नहीं, बल्कि अनुभव करने से पैदा होती है।

अपने भीतर के वृंदावन को फिर से खोजिए

आज स्वयं से पूछिए—

- क्या मेरे पास कोई ऐसा व्यक्ति है जो मुझे समझता है?
- क्या मेरे पास एक घर है जहाँ मैं लौट सकता हूँ?
- क्या मेरे पास कुछ यादें हैं जो मुझे मुस्कुराने पर मजबूर कर देती हैं?
- क्या मेरे पास साँस लेने का यह क्षण है?

अगर उत्तर 'हाँ' है, तो शायद आपके पास पहले से ही बहुत कुछ है।

जीवन की सबसे बड़ी समृद्धि 'सब कुछ पा लेना' नहीं है।

बल्कि यह समझ लेना है कि हर चीज़ पाने की आवश्यकता भी नहीं है।

क्योंकि संतोष इच्छाओं का अंत नहीं, बल्कि उनके साथ शांति से जीने की कला है।

और शायद यही वृंदावन है—

जहाँ हम पहली बार यह स्वीकार करते हैं कि हमारा जीवन अपूर्ण होते हुए भी सुंदर है।

जो है, उसे जी लीजिए।

सब कुछ पाना लक्ष्य नहीं, यह जीवन का सार।
जो प्राप्त है पर्याप्त है, यही प्रेम का द्वार॥

अध्याय 6

राधा से मीरा तक(Radha to Meera: A Timeless Journey of Love)

अगर कृष्ण भक्ति की बात हो, तो मीराबाई को कभी भुलाया नहीं जा सकता।मीराबाई का उल्लेख साहित्य में अपेक्षाकृत बाद के समय में मिलता है,

लेकिन उनका कृष्ण के प्रति प्रेम और समर्पण अद्भुत था।
उनकी भक्ति केवल पूजा नहीं थी,
बल्कि पूर्ण आत्मसमर्पण थी।
उन्होंने कृष्ण को अपने आराध्य ही नहीं,
अपने प्रियतम के रूप में भी स्वीकार किया।

कई भक्ति परंपराओं और साहित्यिक व्याख्याओं में यह भी कहा गया है कि मीराबाई की भक्ति कहीं न कहीं राधा के प्रेम और विरह से प्रेरित थी।
मानो राधा का वही अधूरा प्रेम, वही समर्पण और वही तड़प भक्ति के रूप में मीराबाई के भीतर पुनः जीवित हो उठी हो।

यदि राधा का प्रेम वृंदावन की गलियों में बाँसुरी सुनकर जागता है, तो मीराबाई की भक्ति राजमहलों के बीच भी उसी बाँसुरी की पुकार सुनती है।

राधा और मीरा — दोनों के बीच समय का अंतर बहुत बड़ा है,
लेकिन भाव का अंतर बहुत कम दिखाई देता है।

दोनों ने कृष्ण को केवल पूजा नहीं,
जीवन बना लिया।

मीराबाई के लिए कृष्ण कोई दूर बैठे देवता नहीं थे।
वे उनके "गिरधर गोपाल" थे —
प्रियतम, साथी, शरण और अस्तित्व।

इसीलिए मीरा सामाजिक बंधनों, राजसी मर्यादाओं और संसार की अपेक्षाओं से ऊपर उठ गईं।
क्योंकि जहाँ प्रेम पूर्ण समर्पण बन जाए,
वहाँ संसार की स्वीकृति छोटी लगने लगती है।

और शायद यही कारण है कि कई भक्त कवियों ने मीरा को राधा के भाव का पुनर्जन्म जैसा माना —
ऐतिहासिक अर्थों में नहीं,
बल्कि भाव और भक्ति के अर्थ में।

राधा का जो विरह था, मीरा की अरदास,
युग बदले पर प्रेम का, वही रहा एहसास।

वृंदावन की प्रीत थी, मेवाड़ों की पीर,
राधा बनकर प्रेम था, मीरा बनकर धीर।

जग ने देखा भक्ति को, मीरा की पहचान,
भीतर वही विरह था, जो राधा की जान।

और शायद राधा और मीरा की सबसे बड़ी समानता यही थी —

दोनों ने कृष्ण को पाया नहीं,
फिर भी कभी खोया नहीं।

राधा के पास वृंदावन की स्मृतियाँ थीं,
मीरा के पास भजन और विरह।
लेकिन दोनों के भीतर कृष्ण उतने ही जीवित थे।

इसीलिए कृष्ण भक्ति केवल धर्म नहीं लगती —
वह प्रेम की ऐसी यात्रा लगती है,
जहाँ भक्त धीरे-धीरे स्वयं को भूलकर उसी में विलीन हो जाता है,
जिसे वह प्रेम करता है।

हमने मीरा को अक्सर केवल एक भक्त, एक कवयित्री या कृष्ण-प्रेम में डूबी हुई स्त्री के रूप में पढ़ा है। लेकिन यदि हम उनकी कहानी को आधुनिक दृष्टि से देखें, तो मीरा केवल एक ऐतिहासिक व्यक्तित्व नहीं, बल्कि एक विचार हैं।

- एक साहस।
- एक प्रश्न।
- और शायद एक क्रांति भी।

मीरा की सबसे बड़ी विशेषता यह नहीं थी कि उन्होंने कृष्ण से प्रेम किया; बल्कि यह थी कि उन्होंने अपने सत्य को जीने का साहस किया।

आज की दुनिया में मीरा वह है—

- जो भीड़ के बीच अपनी आवाज़ नहीं खोती।
- जो दूसरों की अपेक्षाओं के बजाय अपने अंतर्मन की सुनती है।
- जो स्वीकार करती है कि हर किसी का जीवन-पथ अलग होता है।
- जो अपनी संवेदनशीलता को कमजोरी नहीं, बल्कि शक्ति मानती है।

शायद हर युग को एक मीरा की आवश्यकता होती है।

सबसे बड़ा संघर्ष बाहर नहीं, भीतर होता है

आज हम राजमहलों में नहीं रहते, लेकिन अदृश्य दीवारों से घिरे हुए हैं।

- समाज की अपेक्षाएँ।
- सफलता का दबाव।
- हर समय उपलब्ध रहने की मजबूरी।
- लोग क्या कहेंगे, इसका भय।

हम दूसरों को खुश करते-करते स्वयं से दूर होते जाते हैं।

मीरा हमें याद दिलाती हैं कि जीवन का सबसे बड़ा साहस स्वयं के प्रति ईमानदार होना है।

हर व्यक्ति को यह अधिकार है कि वह अपनी पहचान स्वयं गढ़े।

क्या हर इंसान के भीतर एक मीरा रहती है?

हाँ।

वह तब जागती है—

- जब हम पहली बार अपने मन की सुनते हैं।
- जब हम किसी भीड़ का हिस्सा बनने के बजाय स्वयं होना चुनते हैं।
- जब हम दूसरों की स्वीकृति से अधिक अपनी शांति को महत्व देते हैं।
- जब हम अपने भीतर की आवाज़ को दबाना बंद कर देते हैं।

राधा हमें प्रेम करना सिखाती हैं।
रुक्मिणी हमें प्रेम निभाना सिखाती हैं।
और मीरा हमें स्वयं बनने का साहस देती हैं।

शायद यही जीवन की यात्रा है—
प्रेम करना,
प्रेम को जीना,
और अंततः स्वयं को पा लेना।

क्योंकि वृंदावन कोई स्थान नहीं है।

वृंदावन वह अवस्था है, जहाँ हम बिना डर, बिना दिखावे और बिना किसी मुखौटे के स्वयं होकर जी पाते हैं।

और शायद यही मीरा का सबसे बड़ा संदेश है—

यदि पूरी दुनिया तुम्हें बदलना चाहे, तब भी अपने भीतर की आवाज़ को मत खोना।

क्योंकि जिस दिन तुम स्वयं को पा लोगे, उसी दिन तुम्हें अपना वृंदावन मिल जाएगा।

अध्याय 7

आज के दौर की राधा कौन है?(Radha in Today's World)

राधा केवल इतिहास की एक पात्र नहीं हैं।
वे किसी एक युग, एक स्थान या एक कथा तक सीमित भी नहीं हैं।

यदि ऐसा होता, तो उनका नाम केवल ग्रंथों में रह जाता।
पर आज भी जब प्रेम, समर्पण, करुणा और प्रतीक्षा की बात होती है, तो सबसे पहले राधा स्मरण आती हैं।

शायद इसलिए क्योंकि राधा कभी केवल कृष्ण की नहीं थीं—
वे हर उस मनुष्य की हैं,
जिसने जीवन में किसी को निस्वार्थ भाव से चाहा है।

राधा शायद हर दिन, हर इंसान की ज़िंदगी में किसी न किसी रूप में आती हैं।

कभी प्रेम बनकर, कभी प्रतीक्षा बनकर, कभी अधूरापन बनकर।

पर उनमें से कितने लोग सच में “राधा” बन पाते हैं, और कितने नहीं — यह कहना बहुत कठिन है। शायद हर व्यक्ति के भीतर कहीं न कहीं

कोई वृंदावन छूट जाता है।

कोई पुरानी आवाज़,
कोई अधूरी बात,
कोई ऐसा व्यक्ति...
जिसे समय तो पीछे छोड़ देता है,
पर मन नहीं छोड़ पाता।

हर मन में इक राधा है, हर दिल में इक श्याम,
कोई मिलकर खो गया, कोई खोकर तमाम।

विरह किसी का कम नहीं, बस अलग अंदाज़,
कोई रोकर जी गया, कोई बन गया राज़।

आज प्रश्न यह नहीं है कि राधा कौन थीं?
प्रश्न यह है कि—

क्या आज भी राधा हमारे बीच हैं?

शायद हैं...

वह उस माँ में हैं,
जो अपने बच्चों को उड़ना सिखाती है,
पर उनके लौट आने की प्रतीक्षा कभी छोड़ती नहीं।

वह उस पिता में हैं,
जो अपने संघर्षों को मुस्कान के पीछे छिपाकर
परिवार के सपनों को पूरा करता है।

वह उस चिकित्सक में हैं,
जो हर रोगी का उपचार केवल अपने ज्ञान से नहीं,
अपनी करुणा से भी करता है।

वह उस शिक्षिका में हैं,
जो केवल पाठ्यपुस्तक नहीं पढ़ाती,
बल्कि किसी विद्यार्थी के भीतर आत्मविश्वास जगा देती है।

वह उस सैनिक में हैं,
जो अपने परिवार से दूर रहकर
देश के प्रति अपना प्रेम निभाता है।

वह उस कलाकार में हैं,
जो प्रसिद्धि से पहले सत्य के प्रति ईमानदार रहता है।

और हाँ...
वह उस स्त्री में भी हैं,
जो अपने सपनों को बचाते हुए
अपने रिश्तों को भी सम्मान देती है।

लेकिन राधा केवल स्त्री नहीं हैं।

राधा एक गुण हैं।

जो व्यक्ति प्रेम को अधिकार नहीं,
विश्वास समझता है...

जो संबंधों में स्वामित्व नहीं,
स्वतंत्रता देता है...

जो सफलता मिलने पर भी
अपनी संवेदनशीलता नहीं खोता...

जो किसी के जाने के बाद भी
कटुता नहीं,
कृतज्ञता बचाए रखता है...

वहीं कहीं राधा जीवित हैं।

आज का समय हमें बहुत कुछ दे रहा है—
सुविधाएँ,
तकनीक,
संपर्क,
गति।

लेकिन शायद हम धीरे-धीरे
रिश्तों की गहराई खोते जा रहे हैं।

हम संदेश तुरंत भेज देते हैं,
पर मन की बात कहने का समय नहीं निकालते।

हम सैकड़ों लोगों से जुड़े रहते हैं,
पर कुछ लोगों से सचमुच जुड़े नहीं रह पाते।

हम प्रेम का प्रदर्शन बहुत करते हैं,
पर उसे निभाने का धैर्य कम होता जा रहा है।

ऐसे समय में राधा हमें याद दिलाती हैं कि—

प्रेम का सबसे बड़ा प्रमाण साथ रहना नहीं,
बल्कि सम्मान बनाए रखना है।

यदि कृष्ण हमें कर्म का मार्ग दिखाते हैं,
तो राधा हमें उस कर्म में करुणा जोड़ना सिखाती हैं।

यदि कृष्ण नेतृत्व हैं,
तो राधा संवेदना हैं।

यदि कृष्ण उद्देश्य हैं,
तो राधा उस उद्देश्य की आत्मा हैं।

शायद इसी कारण
राधा और कृष्ण अलग होकर भी
अधूरे नहीं,
एक-दूसरे के पूरक हैं।

आज के युग की सबसे बड़ी आवश्यकता
शायद तकनीक नहीं,
राधा जैसी संवेदनशीलता है।

क्योंकि ज्ञान हमें सफल बना सकता है,
पर संवेदना ही हमें मनुष्य बनाती है।

अंततः,

राधा कोई नाम नहीं।
राधा कोई संबंध नहीं।
राधा एक अवस्था हैं।

जब प्रेम में अधिकार से अधिक सम्मान हो...
जब सफलता में अहंकार से अधिक विनम्रता हो...
जब संबंधों में अपेक्षा से अधिक विश्वास हो...

और जब किसी के जाने के बाद भी
मन में कड़वाहट नहीं,
आशीर्वाद बचा रह जाए—

तब समझिए,
राधा आज भी इसी संसार में जीवित हैं।

"राधा वृंदावन में नहीं रहतीं,
वे हर उस हृदय में रहती हैं
जहाँ प्रेम, समर्पण और संवेदना
अभी तक जीवित हैं।"

अध्याय 8

राधा से क्या सीखें?(Lessons Radha Teaches Us)

आज की दुनिया में राधा हमें क्या सिखाती हैं?

आसक्ति (Attachment): प्रेम या निर्भरता?

आधुनिक मनोविज्ञान के अनुसार, *अटैचमेंट* वह भावनात्मक बंधन है जो हमें दूसरों से जोड़ता है। आज के समय में हम अक्सर प्रेम और निर्भरता को एक समझ बैठते हैं। हम चाहते हैं कि सामने वाला हमेशा हमारे अनुसार चले, उपलब्ध रहे और हमारी अपेक्षाओं को पूरा करे।

राधा हमें सिखाती हैं कि सच्चा प्रेम किसी को बाँधना नहीं, बल्कि उसे स्वतंत्रता देना है।

प्रेम जहाँ स्वच्छंद हो, वहीं हृदय विस्तार।
बाँध सके जो प्रीत को, वह केवल व्यवहार॥

वियोग और शोक (Grief): खोना भी प्रेम का हिस्सा है

आधुनिक मनोविज्ञान मानता है कि शोक केवल किसी व्यक्ति की मृत्यु तक सीमित नहीं है। किसी रिश्ते का टूटना, किसी अवसर का खो जाना या जीवन के किसी चरण का समाप्त होना भी शोक का कारण बन सकता है।

राधा का जीवन हमें बताता है कि प्रेम हमेशा मिलन में नहीं बदलता, फिर भी उसका महत्व कम नहीं होता।

राधा हमें सिखाती हैं कि दुःख से भागना नहीं, उसे स्वीकारना चाहिए।

विरह प्रेम की हार नहीं, उसका गहन विस्तार।
जो बिछुड़कर भी जीवित रहे, वही सच्चा है प्यार॥

स्मृति (Memory): जो चला गया, क्या वह समाप्त हो गया?

मनोविज्ञान कहता है कि स्मृतियाँ केवल अतीत की घटनाएँ नहीं होतीं, बल्कि वे हमारी पहचान का हिस्सा बन जाती हैं।

आज के समय में हम अक्सर भूलने की कोशिश करते हैं, जबकि उपचार का मार्ग भूलने में नहीं, बल्कि स्मृतियों को नए अर्थ देने में है।

राधा हमें सिखाती हैं कि हर स्मृति बोझ नहीं होती; कुछ स्मृतियाँ हमें परिपक्व बनाती हैं।स्मृतियों को मिटाने के बजाय, उन्हें जीवन की कहानी का सम्मानित अध्याय बनाना सीखें।

स्मृति कभी बोझिल नहीं, यदि बदले उसका अर्थ।
बीते कल की रोशनी, देती जीवन-पथ॥

विरह और लालसा (Longing): अधूरापन भी सुंदर हो सकता है

आधुनिक समाज अधूरेपन को असफलता मानता है।

हम हर चीज़ को तुरंत पाने के आदी हो गए हैं।लेकिन राधा का विरह हमें बताता है कि हर इच्छा का पूरा होना आवश्यक नहीं है।

कभी-कभी अधूरापन ही हमें गहराई देता है, संवेदनशील बनाता है और स्वयं से मिलवाता है।

हर अधूरी कहानी विफलता नहीं होती; कई बार वही हमारी सबसे बड़ी शिक्षक बन जाती है।

हर इच्छा पूरी मिले, ऐसा कहाँ विधान।
अधूरे सपने ही कई, देते नई उड़ान॥

भावनात्मक लचीलापन (Emotional Resilience): टूटकर भी आगे बढ़ना

भावनात्मक लचीलापन वह क्षमता है जिसके माध्यम से व्यक्ति कठिन परिस्थितियों से उबरकर फिर से संतुलन स्थापित करता है।
राधा की सबसे बड़ी शक्ति यही थी। उन्होंने अपने दुःख को अपनी पहचान नहीं बनने दिया।उन्होंने प्रतीक्षा को धैर्य में, विरह को साधना में और प्रेम को करुणा में बदल दिया।

आज के समय में मानसिक स्वास्थ्य की सबसे बड़ी चुनौती यह नहीं है कि हमारे जीवन में कठिनाइयाँ क्यों आती हैं, बल्कि यह है कि हम उनका सामना कैसे करते हैं।

राधा हमें सिखाती हैं कि मजबूत होना भावनाएँ दबाना नहीं, बल्कि उन्हें स्वीकार कर आगे बढ़ना है।संवेदनशील होना कमजोरी नहीं, बल्कि मनुष्य होने का सबसे सुंदर गुण है।

पीड़ा को जिसने लिया, साहस का आधार।
जीवन ने उसके लिए, खोले नए द्वार॥

शायद राधा और कृष्ण किसी दूरस्थ युग की कथा नहीं हैं।

हर व्यक्ति के भीतर एक कृष्ण है—जो उद्देश्य, कर्म और चेतना का प्रतीक है; और एक राधा है—जो प्रेम, संवेदनशीलता और आत्मा की गहराई का प्रतीक है। जब ये दोनों मिलते हैं, तब भीतर का वृंदावन जीवंत हो उठता है।

शायद जीवन का सबसे बड़ा लक्ष्य बाहर कुछ खोज लेना नहीं, बल्कि अपने भीतर के वृंदावन तक वापस पहुँच जाना है।

यदि आप इस पुस्तक के अंतिम पृष्ठ तक पहुँच गए हैं, तो सबसे पहले हम आपका हृदय से धन्यवाद करते हैं।

आपने केवल एक पुस्तक नहीं पढ़ी, बल्कि हमारे साथ एक ऐसी यात्रा तय की है, जिसमें राधा थीं, कृष्ण थे, मीरा थीं, रुक्मिणी थीं, विरह था, प्रेम था, स्मृतियाँ थीं, प्रश्न थे और अपने भीतर के वृंदावन को खोजने का एक छोटा-सा प्रयास था।

अपने भीतर झाँकिए... और स्वयं से पूछिए

- आपकी स्मृतियों का वृंदावन कहाँ है?
- क्या आपके जीवन में कोई ऐसा व्यक्ति है जो आपकी राधा या कृष्ण रहा हो?
- क्या कोई अधूरा सपना आज भी आपके भीतर जीवित है?
- किस व्यक्ति को आपने खोया, पर आज भी अपने भीतर संजोए हुए हैं?
- आपने आख़िरी बार स्वयं से कब बात की थी?
- क्या आप स्वयं को उतना प्रेम करते हैं जितना दूसरों को करते हैं?
- यदि आज कृष्ण आपके सामने खड़े हों, तो आप उनसे क्या पूछेंगे?

अब इस पुस्तक का अंतिम अध्याय हमारा नहीं, आपका है।

हम आपसे कोई उत्तर नहीं चाहते।

हम केवल कुछ प्रश्न आपके मन में छोड़ जाना चाहते हैं।

हो सकता है, इन प्रश्नों के उत्तर आज न मिलें।

हो सकता है, वर्षों बाद किसी शांत शाम में मिलें।

और हो सकता है, इनका उत्तर शब्दों में कभी न मिले—केवल एक अनुभूति बनकर आपके भीतर उतर जाए।

यदि आज कृष्ण आपके सामने खड़े हों...

वे आपको कोई वरदान देने न आए हों...

वे केवल मुस्कुराकर कहें—

"पूछो..."

तो आप उनसे क्या पूछेंगे?

जीवन?
प्रेम?
विरह?
सफलता?

अपने खोए हुए लोगों के बारे में?

या...

स्वयं अपने बारे में?

यदि इन प्रश्नों ने आपको कुछ क्षणों के लिए भी मौन कर दिया...

यदि किसी स्मृति ने आपकी आँखें नम कर दीं...

यदि किसी चेहरे ने अनायास आपके मन में दस्तक दी...

यदि आपने अपने भीतर किसी भूले-बिसरे वृंदावन की आहट महसूस की...

तो समझिए—

यह पुस्तक समाप्त नहीं हुई है।
यह अब आपके भीतर आगे लिखी जाएगी।

आभार

हर पुस्तक केवल लेखक की नहीं होती। उसके प्रत्येक शब्द के पीछे अनेक लोगों का विश्वास, प्रोत्साहन, स्नेह और मौन सहयोग छिपा होता है। यह पुस्तक भी उसी सामूहिक विश्वास की देन है।

चिकित्सक होने के नाते हमने वर्षों तक चिकित्सा-विज्ञान पर लिखा। वहाँ तथ्य, शोध और अनुभव हमारी शक्ति थे; परंतु साहित्य की यह यात्रा हमारे लिए बिल्कुल नई थी। यह केवल शब्दों को जोड़ने की यात्रा नहीं थी, बल्कि अपने भीतर उतरने, स्वयं को समझने और भावनाओं को शब्द देने का एक विनम्र प्रयास था। ऐसे समय में सबसे अधिक आवश्यकता उन लोगों की होती है, जो यह विश्वास दिलाएँ—"तुम यह कर सकते हो।" सौभाग्य से हमें ऐसे अनेक आत्मीय जन मिले।

सबसे पहले हम **सहज कनोडिया** का हृदय से आभार व्यक्त करते हैं। इस पुस्तक का पहला विचार हमने सबसे पहले उन्हीं के साथ साझा किया था। उन्होंने केवल हमारी बात ही नहीं सुनी, बल्कि हमारे भावों को भी समझा, हमें निरंतर प्रेरित किया और अपनी अत्यंत व्यस्त दिनचर्या के बीच भी इस पुस्तक को आकार देने में महत्त्वपूर्ण सहयोग दिया। यह पुस्तक जितनी हमारी है, उतनी ही उनकी भी है।

हम **श्रीमती गीता रानी** के प्रति विशेष कृतज्ञता व्यक्त करते हैं, जिन्होंने इस पांडुलिपि को सबसे पहले पढ़ा, अपने बहुमूल्य विचार साझा किए और निष्पक्ष प्रतिक्रिया देकर इसे और अधिक परिपक्व बनाने में हमारी सहायता की।

श्री हेमंत मित्तल तथा परिवार के सबसे छोटे, किंतु सबसे समझदार सदस्य **निशित मित्तल** का भी हम हृदय से आभार व्यक्त करते हैं।

उनके व्यक्तित्व में अपने पिताजी के जाने के बाद हमने सदैव एक अनकहा, अधूरा-सा वृंदावन महसूस किया। उनके अनुभवों, संवेदनाओं और जीवन-दृष्टि ने इस पुस्तक के अनेक विचारों को गहराई प्रदान की।

यह पुस्तक लिखते समय हमारे मन में बार-बार अपने पूज्य पिताजी **श्री सुधीर कुमार** की स्मृतियाँ आती रहीं। पिछले वर्ष उनका हमारे बीच से चले जाना हमारे जीवन की सबसे गहरी रिक्तताओं में से एक है। यह पुस्तक श्रद्धापूर्वक उनकी पावन स्मृति को समर्पित है। हमें विश्वास है कि जहाँ कहीं भी वे होंगे, हमारी इस छोटी-सी साहित्यिक यात्रा को देखकर अवश्य प्रसन्न होंगे।

हम **डॉ. नरसिंह वर्मा** का भी हार्दिक धन्यवाद करते हैं, जिन्होंने हमारी पूर्व पुस्तकों की भाँति इस पुस्तक की यात्रा में भी निरंतर हमारा मार्गदर्शन, सहयोग और उत्साहवर्धन किया। उनके सुझाव, विचार और विश्वास इस रचना को अधिक सार्थक बनाने में अत्यंत महत्त्वपूर्ण रहे।

हम **डॉ. रूबी मल्होत्रा, डॉ. विदुषी सिंह** तथा **अमित अग्रवाल** के भी आभारी हैं, जिन्होंने इस पुस्तक को पढ़कर अपने बहुमूल्य विचार और सुझाव दिए। उनके प्रोत्साहन ने हमें यह विश्वास दिया कि साहित्य का यह प्रयास पाठकों के हृदय तक अवश्य पहुँचेगा।

कुछ नाम ऐसे होते हैं, जो प्रत्यक्ष या अप्रत्यक्ष रूप से हमारे जीवन और हमारी प्रत्येक यात्रा का अभिन्न हिस्सा बने रहते हैं। ऐसे ही हमारे आत्मीय जन—**श्रीमती मीनू गर्ग, श्रीमती सुमन वर्मा, डॉ. खुशबू सिंघल, श्रीमती प्राची मित्तल** एवं **श्रीमती सुरभि मित्तल**—के प्रति हम अपनी हार्दिक कृतज्ञता व्यक्त करते हैं। उनका स्नेह, विश्वास और निरंतर प्रोत्साहन हमारी इस साहित्यिक यात्रा की अमूल्य पूँजी रहा है।

हम अपने परिवार, मित्रों, सहकर्मियों तथा अपने प्रिय बच्चों—पीहू, प्रिया, भव्य, एष्णा और शिवांश—का भी हृदय से आभार व्यक्त करते हैं। प्रत्यक्ष अथवा अप्रत्यक्ष रूप से आप सभी ने हमारा उत्साह बढ़ाया। कई बार एक छोटा-सा विश्वास, एक स्नेहपूर्ण शब्द या एक आत्मीय मुस्कान भी किसी रचना को जन्म देने का कारण बन जाती है।

इस पुस्तक के प्रत्येक शब्द में यदि कहीं प्रेम की आहट है, तो वह उन सभी आत्मीय जनों की देन है, जिनके स्नेह ने हमारी लेखनी को दिशा दी।

इस पुस्तक को लिखते-लिखते हमें एक गहरा अनुभव हुआ—यह रचना केवल कागज़ पर नहीं लिखी गई, बल्कि इसने हमें भी भीतर से लिखा है। इसने हमें अधिक संवेदनशील बनाया, अधिक धैर्यवान बनाया और शायद पहले से थोड़ा बेहतर इंसान बनने की दिशा में प्रेरित किया। यदि कोई रचना अपने लेखक को ही भीतर से बदल दे, तो उससे बड़ा पुरस्कार शायद कोई नहीं हो सकता।

मनुष्य होने के नाते त्रुटियाँ स्वाभाविक हैं। संभव है कि इस पुस्तक में कहीं भाषा, विचार अथवा प्रस्तुति संबंधी कोई कमी रह गई हो। हम अपने सभी पाठकों से विनम्र आग्रह करते हैं कि वे अपने निष्पक्ष विचार, सुझाव और आलोचनाएँ अवश्य साझा करें। आपकी प्रत्येक प्रतिक्रिया हमारे लिए उतनी ही मूल्यवान होगी जितनी आपकी प्रशंसा, क्योंकि वही हमें आगे और बेहतर लिखने की प्रेरणा देगी।

अंत में, हम ईश्वर के प्रति अपनी गहरी कृतज्ञता व्यक्त करते हैं, जिन्होंने हमें यह विश्वास दिया कि विज्ञान के साथ-साथ संवेदनाओं की भाषा भी सीखी जा सकती है।

यदि इस पुस्तक को पढ़ने के बाद कोई पाठक अपने भीतर की राधा, अपने कृष्ण या अपने वृंदावन को थोड़ा-सा भी महसूस कर सके, तो हम अपनी लेखनी को सार्थक मानेंगे।

सप्रेम,
डॉ. पूजा कनोडिया
डॉ. शिवम वर्मा

www.ingramcontent.com/pod-product-compliance
Lightning Source LLC
LaVergne TN
LVHW090429210926
848480LV00002B/744